ADHS BEI ERWACHSENEN

Verschwommen, aber <u>nicht besiegt</u>

Urheberrechte ©

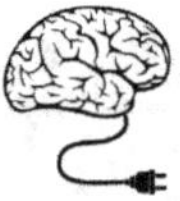

„Jeder Mensch kann, wenn er möchte, zum Bildhauer seines eigenen Gehirns werden".

Santiago Ramon y Cajal

Eine kurze Einführung

Es ist leicht, sich besiegt zu fühlen, wenn die Gedanken abschweifen, wenn man Deadlines verpasst oder wenn einfache Aufgaben unüberwindbar erscheinen.

Bedenken Sie jedoch, dass mangelnde Konzentration kein Zeichen von Schwäche oder Inkompetenz ist, sondern vielmehr ein Merkmal der Gehirnfunktion.

ADHS ist eine komplexe neurologische Erkrankung, und der Kampf dagegen ist für viele Erwachsene täglich ein Kampf.

Während das Lesen eines ganzen Buches für Menschen mit ADHS wie ein unüberwindbarer Berg erscheinen mag, ist es wichtig zu verstehen, dass dieses spezielle Material ein wertvolles Hilfsmittel zur Schulung des Geistes und zur Erweiterung der Konzentrationsfähigkeit sein kann.

Dieses Buch soll Leser mit ADHS begeistern, vernünftige Ziele setzen, persönliche Interessen erkunden und eine Umgebung schaffen, die das Fokussieren zu einer angenehmen und lohnenden Aktivität macht. Das Buch, das zunächst wie eine Herausforderung erscheint, kann tatsächlich der Schlüssel zu einem fokussierteren und lohnenderen Leben sein.

Was ist die wahre Geschichte von ADHS?

Wann trat ADHS wirklich auf?

Viele denken vielleicht, dass die
Aufmerksamkeitsdefizit-Hyperaktivitätsstörung (ADHS) eine
moderne Erkrankung, ein „Trend" des 21. Jahrhunderts ist.
Oder sogar eine „von der Pharmaindustrie erfundene
Krankheit" oder einfach eine „erfundene Krankheit", um
Medikamente zu verkaufen.

Die Realität ist jedoch, dass die mit ADHS verbundenen
Symptome viel früher erkannt und dokumentiert wurden, als
den meisten bewusst ist.

Lassen Sie uns frühe Beobachtungen von Unaufmerksamkeit
und Hyperaktivität untersuchen und den Mythos hinter der
modernen Wahrnehmung von ADHS aufdecken

Melchior Adam Weikard

Beginn der Geschichte von ADHS Melchior Weikard Der
Ausgangspunkt dieser Reise führt uns zum Buch „Der
Philosophische Arzt" des renommierten deutschen Arztes
Melchior Adam Weikard.

Dieses 1775 veröffentlichte Werk wird von vielen als der erste
literarische Hinweis auf Symptome angesehen, die wir heute
mit ADHS assoziieren.

Auf seinen Seiten schreibt Weikard:

*„Eine unaufmerksame Person wird kein tiefes Wissen erlangen.
Er hört, liest und studiert nur oberflächlich; wird falsche Urteile
fällen und den wahren Wert und die wahre Natur der Dinge
nicht erkennen, weil er nicht genug Zeit und Geduld aufwendet,
um eine Sache einzeln oder im Detail mit ausreichender
Präzision zu betrachten. Solche Leute wissen nur zur Hälfte*

alles; Sie merken es nur zur Hälfte oder erinnern sich daran. Unaufmerksamkeit tritt am leichtesten auf, wenn zum Beispiel bei einer Lesung oder in einer Gesellschaft oder durch ein bemerkenswertes Ereignis der Kopf stark mit bestimmten Ideen eingepfropft wird: In einer anderen Gesellschaft hört und sieht man dann kaum; Sie lesen, ohne zu wissen, was Sie lesen, was zu Eile und Fehlurteilen führen sollte".

Weikard rät:

„Um Fehler aufgrund von Nachlässigkeit oder mangelnder Aufmerksamkeit zu vermeiden, denken Sie eine Weile über die kleinsten Aktionen nach, die Sie ausführen möchten. Dies ist besonders für ungestüme und lebhafte Individuen notwendig, bei denen auch versucht wird, die Hitze oder schnelle Bewegung des Blutes und die Schnelligkeit der Fasern einigermaßen einzudämmen."

Obwohl wir nicht kategorisch sagen können, dass Weikard

ADHS so beschrieb, wie wir es heute kennen, ist es klar, dass

er die Merkmale von Personen erkannte und darüber

nachdachte, die Schwierigkeiten zeigten, die Aufmerksamkeit

aufrechtzuerhalten.

Die Fähigkeit der Aufmerksamkeit und ihre Probleme

Um Aufmerksamkeit zu konzeptualisieren und zu erklären, sagen wir, dass die Person diesem Objekt oder Gedanken Aufmerksamkeit schenkt, wenn ein äußeres Objekt oder ein äußerer Gedanke den Geist so weit dominiert, dass er andere Wahrnehmungen verdeckt.

Dieser mentale Mechanismus wird oft als Aufmerksamkeitsfähigkeit bezeichnet, die für den Wissenserwerb von grundlegender Bedeutung ist.

Jeder von uns kann erkennen, dass diese Fähigkeit nicht nur bei verschiedenen Menschen, sondern auch bei uns selbst zu verschiedenen Zeiten unterschiedlich ist.

Dieselbe Person stellt möglicherweise fest, dass ihre Aufmerksamkeitsspanne durch mehrere Faktoren beeinträchtigt wird, beispielsweise durch Müdigkeit, nach einer schweren Mahlzeit oder während einer Krankheit.

Dies führt uns dazu, zwischen der „Fähigkeit der Aufmerksamkeit" und der „Macht der Aufmerksamkeit" zu unterscheiden. Unter „Fähigkeit" versteht man die angeborene Konzentrationsfähigkeit, die immer vorhanden ist, unabhängig davon, ob sie genutzt wird oder nicht. „Kraft" bezieht sich auf die Intensität, mit der diese Fähigkeit als Reaktion auf mentale Reize ausgeübt wird. Mit anderen Worten: Während die Aufmerksamkeitsfähigkeit ein konstantes Merkmal ist, kann die Aufmerksamkeitskraft je nach Umständen und Reizen variieren.

Die historischen Wege von ADHS

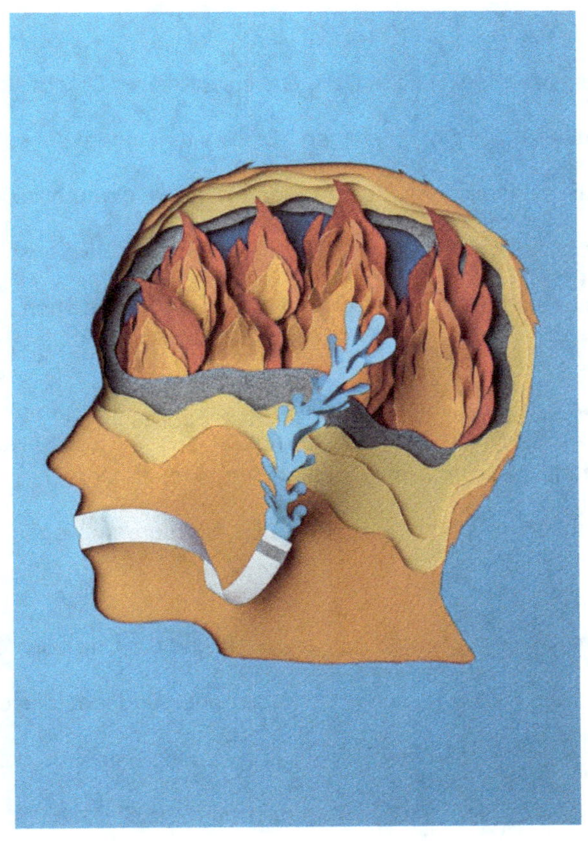

Es gibt viele Möglichkeiten, die Geschichte einer Diagnose zu konstruieren. Es gibt diejenigen, die dies tun, indem sie es von seinem epistemischen und sozialen Entstehungsraum isolieren, ihm göttliche Unabhängigkeit gewähren und der Wissenschaft, die es hervorgebracht hat, olympischen Schutz verleihen.

Sie ignorieren die moralischen, sozialen, politischen, wirtschaftlichen und institutionellen Aspekte, die der Konstitution der pathologischen Tatsache zugrunde liegen.

Sie ignorieren auch, dass wissenschaftliche Objekte aus dem turbulenten Dialog zwischen den politischen und ideologischen Anforderungen entstehen, die ihre Forschung unterstützen. Aber wer sich nicht mit der Aufgabe betraut, die biomedizinische Wissenschaft zu reinigen, weiß, dass aus all dieser Hybridität die Beschreibungen des Normalen und des Pathologischen entstehen.

In Bezug auf die vorherrschende ADHS-Anamnese überwiegt

die erste Art der Anamnese.

Der neurowissenschaftliche Diskurs über ADHS ist nicht

einhellig, aber er schafft auch seine Einstimmigkeiten, und

keine davon ist stärker als die Geschichte der Diagnose.

Darin tauchte das ADHS-Kind in der medizinischen Literatur

der ersten Hälfte des 20. Jahrhunderts auf und wurde von da

an viele Male getauft und umbenannt.

Sie war das Kind mit einem Mangel an moralischer Kontrolle,

Trägerin einer leichten oder leichten geistigen Behinderung, sie

war von Enzephalitis lethargica betroffen, man nannte sie

einfach hyperaktiv oder hyperkinetisch, ihr Gehirn wurde als

mäßig dysfunktional angesehen, sie war das Kind mit einer

Aufmerksamkeitsdefizit und schließlich Träger der

Aufmerksamkeitsdefizit-/Hyperaktivitätsstörung.

Seit den letzten 20 Jahren des 20. Jahrhunderts ist es durch einen hemmenden Defekt gekennzeichnet, der die Entwicklung exekutiver Funktionen des Gehirns beeinträchtigt.

Wir nennen diese historische Version offiziell und vorherrschend, weil es sich in der wissenschaftlichen, politischen, wirtschaftlichen und populären Debatte um die Geschichte der Diagnose ADHS handelt. Mit wenigen Ausnahmen gehen Kritiker und Verteidiger der neurologischen Sichtweise von den psychiatrischen Rahmenwerken und Klassifikationen aus, die sie bietet.

Die ersten, die Kritiker, wiederholen den historischen Weg, den die zweiten vorgeschlagen haben, um die Volatilität einer Erkrankung anzuprangern, die in weniger als einem Jahrhundert ihres Lebens ihre Klassifizierung mehr als zehnmal geändert hat, und machen sich über die angebliche Klarheit und Vereinheitlichung des neurologischen Diskurses lustig.

Beschreibungen solch unterschiedlicher Pathologien können nicht in derselben Geschichte oder demselben pathologischen Bild zusammengefasst werden, ohne dass eine übermäßige Reduzierung vorliegt. Dies sind die seltenen Kritikpunkte, die von der Krankengeschichte der Erkrankung ausgehen, ohne die angebotene Anamnese wirklich zu analysieren.

Sie argumentieren lediglich, dass die Fülle an ADHS-Symptomen historisch gesehen in einer Fülle unterschiedlicher pathologischer Beschreibungen zusammengefasst sei.

Die offizielle Geschichte der ADHS-Diagnose besteht aus anderen problematischen und zweifelhaften psychiatrischen Diagnosen, die an der unklaren Grenze zwischen definierten und undefinierten Nervenstörungen, zwischen Funktionsstörungen des normalen und pathologischen Lebens angesiedelt sind.

Weder interne ADHS-Historiker noch ihre Kritiker sagen, dass die Geschichte der Dach-ADHS im Wesentlichen aus anderen Dachdiagnosen besteht.

Meistens handelte es sich dabei um Pathologien, die das neurologische und psychiatrische Wissen in Frage stellten, es aber andererseits auch stärkten.

Das beste Beispiel ist das Enzephalitis-lethargica-Syndrom, eine mysteriöse und obskure Pathologie, die das neurologische Wissen der damaligen Zeit ebenso in Frage stellte, wie sie zu seiner Legitimierung beitrug (Kroker, 2004).

Die nächste übergeordnete Diagnose in der offiziellen ADHS-Anamnese ist minimale Hirnschädigung, eine schlecht definierte Klassifizierung, die durch Verhaltens-, Sprach- und Lernstörungen gekennzeichnet ist, die mit einer ungenauen organischen Ursache verbunden sind.

Andere Möglichkeiten, den Zustand zu beschreiben, waren minimale Hirnfunktionsstörung und organische Verhaltensstörung, beides ebenfalls äußerst ungenaue und weit gefasste Diagnosen. Vor der Veröffentlichung von DSM III (1980) war die Störung in psychiatrischen Beschreibungen durch ihr motorisches Element gekennzeichnet: übermäßige Bewegung und die Unfähigkeit, Impulse zu unterdrücken.

1957 wurde es als hyperkinetisches Impulssyndrom beschrieben und 1960 als hyperaktives Kindersyndrom neu definiert. Nach und nach wurde die Hypothese des Vorliegens einer präzisen, wenn auch minimalen Hirnverletzung durch das Vorliegen eines neurophysiologischen Defizits ersetzt.

Die Störung, die nun durch eine leichte neurophysiologische Dysfunktion verursacht wurde, umfasste vielfältigere Erkrankungen.

Ab Ende der 70er Jahre konzentrierte sich der diagnostische Schwerpunkt, bis dahin auf Hyperaktivität, auf das Symptom der Unaufmerksamkeit. Selbst mit Hilfe visueller und kinematografischer Technologien passte sich die Analyse von Bewegungspathologien nicht an die Anforderungen der neuen psychiatrischen Perspektive in der Ausbildung an.

Die Entität wurde umbenannt und die Diagnose noch einmal erweitert: Die Störung konnte mit oder ohne Vorhandensein des hyperaktiven Elements auftreten.

Gleichzeitig ergab die Aufmerksamkeitsforschung, dass alle psychischen Pathologien ein Aufmerksamkeitsdefizit in ihren Symptomen beinhalten.

In den 90er Jahren wurde die Störung als Hemmungsdefekt umgedeutet, und zwar im selben Kontext, in dem das Versagen der Hemmung als das Problem angesehen wurde, das die

Grundlage und den Beginn der Entwicklung fast aller

psychopathologischen Erkrankungen bilden würde.

Wie ADHS waren die in ihrer Geschichte zusammengefassten

Sammeldiagnosen Teil des Prozesses, mit dem die

medizinische Wissenschaft ihren Diskurs über die psychische

Gesundheit von Menschen begann, die weder drastisch

unterentwickelt noch geistig behindert waren.

Sie waren schlecht angepasst.

Die in der ADHS-Geschichte enthaltenen Diagnosen

verstärkten den Prozess der Pathologisierung von Personen,

die nicht in der Lage waren, die moralischen, politischen und

wirtschaftlichen Erwartungen der Gesellschaft, in der sie lebten,

zu erfüllen.

In der Geschichte der Psychiatrie ist die Pathologisierung des

unfähigen oder unangepassten Individuums kein neuer

Prozess, aber in der Entstehung von ADHS ist sie mit der

Zerebralisierung adaptiver Dysfunktionen verbunden.

Darin wurden adaptiver Erfolg und Misserfolg von der

Gehirnfunktion, seiner Neurochemie und seinen spezifischen

Anpassungen und Korrekturen abhängig.

In dieser Analyse erläutern wir die Aspekte, die die

Verbindungen zwischen der Biologie und der Moral der

Aufmerksamkeit stärkten und in die Konstitution der

ADHS-Diagnose einflossen.

Vom Klassenzimmer ins Büro

ADHS im Kindesalter ist im Allgemeinen mit Schwierigkeiten in der Schule und in den Beziehungen zu anderen Kindern, Eltern und Lehrern verbunden.

Kinder gelten als „distanziert", „in der Welt des Mondes lebend" und im Allgemeinen „festgefahren" und mit „Zimmermannstieren" oder „von einem Motor angetrieben" (das heißt, sie sitzen nicht lange still).

Jungen neigen dazu, mehr Symptome von Hyperaktivität und Impulsivität zu zeigen als Mädchen, aber sie sind alle unaufmerksam.

Kinder und Jugendliche mit ADHS können häufiger Verhaltensprobleme aufweisen, beispielsweise Schwierigkeiten mit Regeln und Grenzen.

Bei Erwachsenen gibt es Probleme mit der Unaufmerksamkeit gegenüber alltäglichen Dingen und der Arbeit sowie mit dem Gedächtnis (sie sind sehr vergesslich).

Sie sind unruhig (es scheint, dass sie sich nur beim Schlafen entspannen), sie bewegen sich ständig von einer Sache zur anderen und sie sind auch impulsiv („sie spannen das Pferd von hinten auf").

Sie haben Schwierigkeiten, ihr eigenes Verhalten einzuschätzen und zu beurteilen, wie sehr es andere in ihrem Umfeld beeinflusst. Sie gelten oft als „egoistisch".

Sie leiden häufig unter anderen Begleitproblemen wie Drogen- und Alkoholkonsum, Angstzuständen und Depressionen.

Die Ursache im Erwachsenenalter

Die Symptome von ADHS bei Erwachsenen lassen sich im Allgemeinen in zwei Hauptkategorien einteilen: Unaufmerksamkeit und Hyperaktivität/Impulsivität. Hier sind einige häufige Arten, wie sich ADHS bei Erwachsenen manifestieren kann:

Unaufmerksamkeit: Dies bedeutet, dass es schwierig ist, den Fokus und die Konzentration auf Aufgaben aufrechtzuerhalten, was häufig zu Detailfehlern, mangelnder Organisation und der Tendenz, sich leicht ablenken zu lassen, führt. Erwachsene mit ADHS haben möglicherweise Schwierigkeiten, Aufgaben zu erledigen, Anweisungen zu befolgen oder sich an Termine zu erinnern.

Hyperaktivität: Während die Hyperaktivität mit zunehmendem Alter tendenziell abnimmt, kann es bei manchen Erwachsenen mit ADHS dennoch zu körperlicher Unruhe, Unruhe und Schwierigkeiten kommen, längere Zeit still zu sitzen.

Dies kann zu Ungeduld, Schwierigkeiten beim Entspannen oder Stillsitzen in Situationen führen, die dies erfordern.

Impulsivität: Erwachsene mit ADHS können impulsiv sein und voreilige Entscheidungen treffen, ohne die Konsequenzen zu berücksichtigen.

Dies kann sich in impulsiven Käufen, dem Unterbrechen anderer bei Gesprächen, Schwierigkeiten beim Warten, bis man an der Reihe ist, und riskanten Verhaltensweisen wie Geschwindigkeitsüberschreitung im Verkehr äußern.

Organisatorische Schwierigkeiten: Probleme mit der Organisation und Planung kommen bei Erwachsenen mit ADHS häufig vor. Möglicherweise fällt es ihnen schwer, Prioritäten zu setzen, Zeitpläne einzuhalten oder komplexe Aufgaben zu planen.

Ständige Vergesslichkeit: Die Tendenz zum Vergessen ist ein häufiges Symptom von ADHS bei Erwachsenen. Dazu können einfache Dinge wie der Verlust von Schlüsseln oder Geldbörsen oder das Vergessen wichtiger Termine gehören.

Anspruchsvolle zwischenmenschliche Beziehungen: Erwachsene mit ADHS können aufgrund von Kommunikationsproblemen wie häufigen Unterbrechungen und mangelnder Aufmerksamkeit bei Gesprächen Schwierigkeiten haben, zwischenmenschliche Beziehungen aufrechtzuerhalten.

Probleme mit dem Selbstwertgefühl: ADHS kann das Selbstwertgefühl von Erwachsenen beeinträchtigen, insbesondere wenn sie in verschiedenen Bereichen ihres Lebens ständig mit Schwierigkeiten konfrontiert sind. Sie sind möglicherweise frustriert und nicht in der Lage, ihr Potenzial auszuschöpfen.

Stimmungsschwankungen: Stimmungsschwankungen, einschließlich Reizbarkeit und Ungeduld, kommen bei Erwachsenen mit ADHS häufig vor. Möglicherweise haben sie Schwierigkeiten, ihre Emotionen zu regulieren.

Chronischer Aufschub: Aufschub ist für Erwachsene mit ADHS eine häufige Herausforderung. Sie neigen dazu, Aufgaben aufzuschieben und fühlen sich möglicherweise überfordert, wenn der Termindruck zu groß wird.

Es ist wichtig zu beachten, dass die ADHS-Symptome von Person zu Person sehr unterschiedlich sein können und nicht bei allen Erwachsenen mit ADHS alle diese Symptome auftreten.

Darüber hinaus können sich andere Faktoren wie Stress, Angstzustände und Depressionen mit den ADHS-Symptomen überschneiden, was die Diagnose und Behandlung der Störung erschwert.

Der Mythos des Multitasking

Multitasking ist zu einem alltäglichen Merkmal der modernen Welt geworden. Menschen versuchen oft, Multitasking zu betreiben, sei es beim Beantworten von E-Mails während der Teilnahme an einer Besprechung oder beim Fernsehen beim Zubereiten des Abendessens.

Diese Praxis hat jedoch Nachteile und kann die Qualität und Effizienz der Arbeit beeinträchtigen.

Lassen Sie uns untersuchen, wie wichtig es ist, Multitasking zu vermeiden, und wie Sie davon profitieren können, wenn Sie sich jeweils auf eine Aufgabe konzentrieren.

Es wird oft als wertvolle Fähigkeit angesehen, aber in Wirklichkeit ist unser Geist nicht für Multitasking ausgelegt.

Der Versuch, dies zu tun, kann zu Fehlern und einer schlechteren Arbeitsqualität führen.

Die Funktionsweise des Gehirns ist unglaublich komplex und die Fähigkeit, zwischen verschiedenen Aufgaben oder Übergängen zu wechseln, ist ein Bereich, der unsere Aufmerksamkeit verdient.

Wenn wir versuchen, mehrere Dinge gleichzeitig zu tun, steht das Gehirn vor der Herausforderung, sich schnell an jeden Übergang anzupassen. Dieser Anpassungsprozess erfolgt jedoch nicht sofort und braucht Zeit.

Wenn wir unsere Aufmerksamkeit zwischen Aufgaben wechseln, muss das Gehirn seine kognitiven Ressourcen neu organisieren, die Aufmerksamkeit angemessen lenken und zum Kontext der jeweiligen Aufgabe zurückkehren.

Diese ständigen Übergänge verbrauchen eine erhebliche Menge an geistiger Energie und Zeit.

Anstatt sich vollständig auf eine bestimmte Aufgabe zu konzentrieren, verwendet das Gehirn wertvolle Ressourcen für Kontextwechsel und Neufokussierung. Dies bedeutet, dass die allgemeine Arbeitseffizienz beeinträchtigt wird, da die mentale Energie in mehrere Richtungen zerstreut wird.

Dieser Anpassungsbedarf wird besonders deutlich, wenn man zwischen Aufgaben wechselt, die unterschiedliche Fähigkeiten oder Kenntnisse erfordern.

Wenn Sie beispielsweise zwischen der Beantwortung von E-Mails und der Durchführung komplexer Berechnungen wechseln, muss Ihr Gehirn zwischen schriftlicher Kommunikation und Mathematik wechseln.

Dies geschieht nicht sofort und es kann wertvolle Zeit dauern, bis sich das Gehirn an diese Veränderung gewöhnt hat.

Darüber hinaus kann es bei diesen Übergängen zu Beeinträchtigungen der Arbeitsqualität kommen.

Wenn Sie nach einer Änderung zu einer Aufgabe zurückkehren, kann es schwieriger sein, genau dort weiterzumachen, wo Sie aufgehört haben.

Wichtige Details können verloren gehen und Fehler können auftreten, wenn die Kontinuität unterbrochen wird.

Multitasking, das oft als Möglichkeit zur Produktivitätsoptimierung angesehen wird, hat tatsächlich den gegenteiligen Effekt.

Dies kann zu einer ineffizienten Zeitnutzung, erhöhtem Stress und einem Gefühl geistiger Überlastung führen.

Um die Effizienz und Qualität der Arbeit zu verbessern, ist es wichtig zu erkennen, wie wichtig es ist, dem Gehirn die

Möglichkeit zu geben, sich jeweils auf eine Aufgabe zu konzentrieren und ständige Übergänge zu minimieren.

Das Gehirn braucht viel Zeit, um sich an jeden Übergang zwischen Aufgaben oder Aktivitäten anzupassen. Dies beeinträchtigt nicht nur die Arbeitseffizienz, sondern kann auch die Qualität beeinträchtigen und den Stress erhöhen.

Das Erkennen, wie wichtig es ist, sich jeweils auf eine Aufgabe zu konzentrieren und Multitasking zu minimieren, kann der Schlüssel zur Verbesserung der Produktivität und des geistigen Wohlbefindens sein.

Ein chemischer Botenstoff des Gehirns

Dopamin ist ein entscheidender Neurotransmitter im erwachsenen Gehirn und spielt eine wichtige Rolle bei mehreren kognitiven und Verhaltensfunktionen.

Dieser Neurotransmitter ist unter anderem für Motivation, Belohnung, Lernen, motorische Kontrolle, Stimmung und Schlafregulierung unerlässlich.

Ich zeige Ihnen, welche Rolle Dopamin im erwachsenen Gehirn spielt, wie es produziert wird, wie es das Verhalten beeinflusst und welche Auswirkungen es auf die psychische Gesundheit hat.

Dopamin ist ein Neurotransmitter, ein chemischer Botenstoff im Gehirn, der eine zentrale Rolle bei der Kommunikation zwischen Nervenzellen spielt.

Es gehört zur Familie der Katecholamine und wird in mehreren Bereichen des Gehirns produziert, darunter in der Substantia nigra, im Nucleus accumbens und im präfrontalen Kortex.

Es ist eng mit Belohnungs- und Motivationsfunktionen verbunden.

Wenn wir etwas Belohnendes erleben oder ein Ziel erreichen, schüttet das Gehirn Dopamin aus und erzeugt so ein Gefühl der Zufriedenheit und Freude.

Dieses Belohnungssystem spielt eine Schlüsselrolle bei der Motivation und ermutigt Menschen, Aktivitäten und Verhaltensweisen nachzugehen, die für das Überleben und das Wohlbefinden unerlässlich sind.

Neben der Belohnung beeinflusst Dopamin auch das Lernen.

Das Gehirn nutzt die Freisetzung von Dopamin, um die synaptischen Verbindungen zwischen Nervenzellen zu stärken und so die Erinnerung an Erlebnisse und Ereignisse zu festigen.

Dieser Prozess der Synapsenstärkung ist grundlegend für den Erwerb von Wissen und Fähigkeiten.

Eine weitere wichtige Funktion ist die Bewegungsregulierung. Ein Mangel an Dopamin wird mit Bewegungsstörungen wie der Parkinson-Krankheit in Verbindung gebracht.

Der Verlust dopaminproduzierender Zellen in der Substantia nigra führt zu Zittern, Muskelsteifheit und Koordinationsschwierigkeiten.

Dopamin-Ungleichgewichte können bei Stimmungsstörungen wie Depressionen und bipolaren Störungen eine Rolle spielen.

In vielen Fällen wirken Antidepressiva auf das Dopaminsystem und helfen so, die Stimmung zu stabilisieren.

Die Dopaminausschüttung nimmt im Laufe des Tages zu und hilft, Aufmerksamkeit und Wachsamkeit aufrechtzuerhalten.

Nachts lässt die Dopaminproduktion nach, was den Übergang in den Schlaf ermöglicht.

Das Dopaminsystem ist nicht nur eine Quelle des Vergnügens und der Motivation, sondern auch mit Sucht verbunden.

Substanzen wie Drogen, Alkohol und Tabak können die Ausschüttung von Dopamin direkt beeinflussen, ein intensives Gefühl der Belohnung hervorrufen und Verhaltensweisen fördern, die dazu führen, mehr zu suchen.

Das Dopaminsystem ist nicht ohne Probleme.

Ein Ungleichgewicht in der Dopaminregulation kann zu neuropsychiatrischen Erkrankungen wie Schizophrenie führen. Bei Menschen mit Schizophrenie kann die Dopaminaktivität im Gehirn abnormal sein und zu Symptomen wie Halluzinationen und Wahnvorstellungen führen.

Menschen mit einem höheren Dopaminspiegel neigen dazu, anfälliger für impulsives, riskantes und sogar kriminelles Verhalten zu sein.

Dieser Antrieb hängt mit der Suche nach Belohnungen und der Bereitschaft, Risiken einzugehen, zusammen.

Zusammenfassend ist Dopamin ein essentieller Neurotransmitter im erwachsenen Gehirn, der eine entscheidende Rolle bei Motivation, Lernen, motorischer Kontrolle, Stimmung und Belohnung spielt. Seine Rolle ist komplex und deckt mehrere Bereiche der Gehirn- und Verhaltensfunktionen ab.

Ein gesundes Dopamin-Gleichgewicht ist entscheidend für ein

stabiles emotionales und kognitives Leben, während

Ungleichgewichte mit einer Vielzahl von psychischen und

physischen Gesundheitszuständen verbunden sein können.

Daher ist das Verständnis der Rolle von Dopamin im

erwachsenen Gehirn von grundlegender Bedeutung für die

wissenschaftliche Forschung und die klinische Praxis in den

Neurowissenschaften und der Psychiatrie.

Tonisches und phasisches Dopamin

Um das Konzept von tonischem und phasischem Dopamin zu verstehen, ist es wichtig zu erkennen, dass die Freisetzung dieses Neurotransmitters auf zwei unterschiedliche Arten als Reaktion auf unterschiedliche Reize und in unterschiedlichen Situationen erfolgen kann.

Tonisches Dopamin:

Unter tonischem Dopamin versteht man die kontinuierliche, basale Freisetzung von Dopamin im Gehirn, die unter Ruhebedingungen oder in Situationen geringer Stimulation auftritt.

Diese Form der Dopaminfreisetzung hält die neuronale Aktivität auf dem für die Grundfunktion erforderlichen Mindestniveau und trägt so zur Aufrechterhaltung des Tonus der motorischen und kognitiven Funktionen bei.

Es ist wichtig für die Aufrechterhaltung einer normalen Gehirnfunktion und reguliert das Gleichgewicht zwischen hemmender und erregender Aktivität an den Synapsen.

Phasisches Dopamin:

Unter phasischem Dopamin versteht man die akute, vorübergehende Freisetzung von Dopamin als Reaktion auf bestimmte Reize wie Belohnungen, emotionale Reize oder unerwartete Ereignisse.

Diese Form der Dopaminausschüttung ist dafür verantwortlich, das Auftreten bedeutsamer und motivierender Ereignisse in der Umwelt zu signalisieren.

Phasisches Dopamin spielt eine Schlüsselrolle beim Lernen, bei der Motivation und bei der Reaktion auf belohnende Reize.

Um den Unterschied zwischen tonischem und phasischem Dopamin besser zu verstehen, betrachten Sie das folgende Beispiel:

Stellen Sie sich eine Person vor, die ruht, sich entspannt und keiner nennenswerten Aktivität nachgeht.

In diesem Zustand hält tonisches Dopamin die neuronale Aktivität auf einem minimalen Niveau und ermöglicht es der Person, einen Zustand minimaler Aufmerksamkeit aufrechtzuerhalten, um auf relevante Umweltreize wie einen Feueralarm oder ein bedeutungsvolles Gespräch zu reagieren.

Angenommen, dieselbe Person spielt ein Videospiel und erhält eine unerwartete Belohnung für die Erfüllung einer schwierigen Aufgabe.

In diesem Moment wird phasisches Dopamin stark ausgeschüttet, was ein Gefühl der Belohnung und

Zufriedenheit erzeugt. Diese Freisetzung von phasischem Dopamin ist eine direkte Reaktion auf den belohnenden Reiz und verstärkt das Lernen, indem es die Person dazu ermutigt, in Zukunft ähnlichen Aktivitäten nachzugehen.

Tonisches Dopamin ist für die Aufrechterhaltung der Gehirnaktivität im Ruhezustand verantwortlich und spielt eine grundlegende Rolle bei der Regulierung grundlegender kognitiver und motorischer Funktionen. Umgekehrt wird phasisches Dopamin als Reaktion auf belohnende Reize und emotionale Ereignisse freigesetzt und spielt eine Rolle bei der Motivation, beim Lernen und bei der Signalisierung wichtiger Ereignisse in der Umwelt.

Beide Formen der Dopaminfreisetzung spielen eine unterschiedliche Rolle bei der Gehirnfunktion und sind von grundlegender Bedeutung für das Verständnis, wie das Gehirn auf Reize reagiert und das Verhalten reguliert.

Verhandeln Sie nicht mit dem Verstand

Die Beziehung zwischen Denken und Handeln ist einer der faszinierendsten Aspekte der Psychologie und des menschlichen Verhaltens. Wir treffen oft auf Menschen, die sich scheinbar in einem Teufelskreis des unaufhörlichen Denkens befinden und Handlungen aufschieben, die ihnen äußerst wichtig sind.

Die Vorstellung, dass „man mit dem Verstand nicht verhandeln kann", ist eine bemerkenswerte Beobachtung, denn sie legt nahe, dass die Wahrscheinlichkeit, dass wir diesen Gedanken tatsächlich in die Tat umsetzen, umso geringer ist, je mehr Zeit wir damit verbringen, über etwas nachzudenken.

Lassen Sie uns diese Dynamik untersuchen und Strategien zur Überwindung des Aufschubs und zur Umsetzung von Gedanken in die Tat besprechen.

Oftmals wird unser Geist zu einer Arena endloser Überlegungen, in der wir alle Variablen und möglichen Ergebnisse einer Situation im Detail analysieren. Diese gründliche Analyse kann uns jedoch paradoxerweise lähmen und es schwierig machen, eine Vorgehensweise zu wählen.

Anstatt uns voranzutreiben, kann uns diese Überlastung an Gedanken in einem Teufelskreis aus Unentschlossenheit und Aufschub gefangen halten.

Die Idee, dass „man nicht mit seinem Verstand verhandeln kann", legt nahe, dass wir weniger wahrscheinlich handeln, wenn wir übermäßig viel Zeit damit verbringen, über etwas nachzudenken.

Dies liegt daran, dass der Geist dazu neigt, imaginäre Barrieren und Herausforderungen zu schaffen, die uns daran hindern können, den ersten Schritt zu tun. Versagensängste,

Perfektionismus und Selbstanspruch können sich in diesem Prozess vermischen und den Aufschub befeuern.

Um diesen endlosen Gedankenkreislauf zu überwinden und ihn in die Tat umzusetzen, sind wirksame Strategien erforderlich. Eine davon ist die schnelle Entscheidungsfindung und das Setzen klarer Ziele. Je früher wir eine Entscheidung treffen und uns ein Ziel setzen, desto einfacher wird es sein, Maßnahmen zu ergreifen.

Die Zwei-Minuten-Regel kann hier ein nützliches Hilfsmittel sein und uns dazu ermutigen, Aufgaben, die in zwei Minuten oder weniger erledigt werden können, sofort in Angriff zu nehmen.

Handeln ist das Gegenmittel zum Aufschieben, das durch unaufhörliches Denken angeheizt wird.

Anstatt uns in endlosen Analysen zu verlieren, sollten wir uns auf die Umsetzung konzentrieren.

Schritt für Schritt und die Konzentration auf das, was wir jetzt tun können, ist der Schlüssel, um unsere Gedanken in konkrete Taten umzusetzen. Handeln bringt uns nicht nur unseren Zielen näher, sondern bietet uns auch die Möglichkeit zu lernen und zu wachsen, unabhängig vom Ergebnis.

Die Dynamik zwischen Denken und Handeln ist ein weites Gebiet der menschlichen Psychologie.

Um den Aufschub zu überwinden, müssen schnelle Entscheidungen getroffen, klare Ziele gesetzt und Maßnahmen priorisiert werden. Denken Sie daran, dass es letztendlich unsere Handlungen sind, die Veränderung und Fortschritt vorantreiben, und dass der Verstand nicht mit dem Impuls zum Handeln umgehen kann.

Synapsen: Die Verbindungen, die antreiben Kommunikation im Gehirn

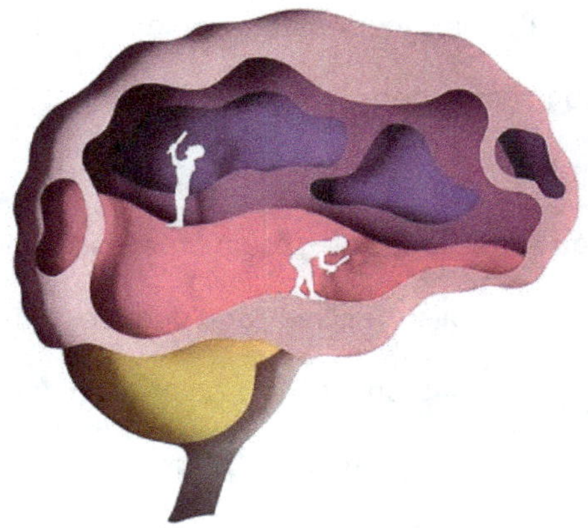

Wenn wir darüber nachdenken, wie das Gehirn funktioniert, spielen Synapsen eine grundlegende Rolle bei der Informationsübertragung zwischen Neuronen. Diese kleinen Strukturen sind für die Förderung der Kommunikation und des Austauschs elektrischer und chemischer Signale im Gehirn verantwortlich. Lassen Sie uns die faszinierende Welt der Synapsen genauer erkunden.

Eine Synapse ist eine spezielle Verbindung zwischen zwei Neuronen, bei der die Übertragung von Informationen von einem Neuron zum anderen erfolgt.

Es besteht aus drei Hauptteilen: dem präsynaptischen Terminal, dem synaptischen Spalt und dem postsynaptischen Terminal. Diese Strukturen arbeiten zusammen, um eine effiziente Kommunikation zwischen Neuronen sicherzustellen.

Das präsynaptische Terminal ist der Teil des Neurons, der das elektrische Signal sendet.

Wenn ein elektrischer Impuls das präsynaptische Terminal erreicht, löst er die Freisetzung von Neurotransmittern aus. Dabei handelt es sich um chemische Substanzen, die für die Signalübertragung an das nächste Neuron verantwortlich sind.

Neurotransmitter werden in Vesikeln im präsynaptischen Terminal gespeichert und in den synaptischen Spalt abgegeben.

Der synaptische Spalt ist der mikroskopische Raum zwischen dem präsynaptischen Terminal und dem postsynaptischen Terminal.

In diesem Raum findet die Übertragung von Neurotransmittern statt. Dieser Bereich ist für die Kommunikation zwischen Neuronen von grundlegender Bedeutung, da Neurotransmitter ihn durchqueren müssen, um das nächste Neuron zu erreichen.

Am postsynaptischen Terminal wird das empfangene chemische Signal wieder in ein elektrisches Signal umgewandelt.

Dabei binden Neurotransmitter an spezifische Rezeptoren, die

sich auf der Membran des postsynaptischen Neurons befinden.

Diese Verbindung löst eine Reihe elektrischer Ereignisse aus,

die es dem Signal ermöglichen, sich durch das Neuron

auszubreiten und die Informationsübertragung fortzusetzen.

Synapsen sind äußerst dynamisch und passen sich ständig an

und verändern sich.

Die Synapsenstärke, bekannt als synaptische Plastizität, kann

basierend auf Mustern neuronaler Aktivität erhöht oder

geschwächt werden.

Diese synaptische Plastizität spielt eine entscheidende Rolle

beim Lernen und der Gedächtnisbildung und ermöglicht es,

Verbindungen zwischen Neuronen je nach Häufigkeit und

Intensität der Reize zu stärken oder zu schwächen.

Synapsen sind für die unglaubliche Fähigkeit des Gehirns verantwortlich, Informationen zu verarbeiten, zu lernen, sich zu erinnern und eine Vielzahl komplexer Funktionen auszuführen.

Sie bilden ein komplexes Netzwerk neuronaler Kommunikation, das es dem Gehirn ermöglicht, als hochkoordiniertes System zu funktionieren.

Um die Komplexität des menschlichen Gehirns und die verschiedenen neurologischen Erkrankungen zu verstehen, die bei Funktionsstörungen von Synapsen auftreten können, ist es wichtig zu verstehen, wie Synapsen funktionieren.

Derzeit laufen Studien, um die Geheimnisse der Synapsen und ihren Einfluss auf unsere Wahrnehmung und unser Verhalten weiter zu entschlüsseln.

So organisieren Sie sich und vermeiden das tägliche

Durcheinander

Die Organisation des täglichen Lebens kann für Erwachsene mit Aufmerksamkeitsdefizit-Hyperaktivitätsstörung (ADHS) eine Herausforderung sein, da Ablenkung und mangelnde Aufmerksamkeit einfache Aufgaben überwältigend komplex machen können. Das Befolgen einiger spezifischer Tipps kann jedoch dazu beitragen, die Organisation zu vereinfachen und Unordnung zu vermeiden.

1. Raum für Organisation schaffen:

Organisation beginnt mit der Schaffung von Raum. Bewerten Sie täglich, was Sie verwenden und was eingespart werden sollte. Dabei geht es darum, zu entscheiden, was für den Tag wichtig ist und was gespeichert werden kann. Legen Sie bestimmte Orte für Gegenstände wie Schlüssel, Rechnungen und andere Gegenstände fest, die häufig verloren gehen.

Beseitigen Sie alles, was nicht notwendig ist, und entfernen Sie den Überschuss.

2. Verwenden Sie regelmäßig eine Agenda:

Die Verwendung einer Agenda ist ein grundlegendes Werkzeug zur Verwaltung von Terminen und Zeitplänen. Genau wie das Erlernen des Fahrradfahrens führt die regelmäßige Verwendung des Planers zur Meisterschaft. Je öfter Sie es nutzen, desto effektiver werden Sie in der Lage sein, Organisationsmuster in Ihrem Leben zu schaffen.

Schritt 1: Wählen Sie die richtige Agenda:

Wählen Sie zunächst einen Zeitplan aus, der für Sie geeignet ist. Dabei kann es sich um ein physisches Papiertagebuch oder ein elektronisches Tagebuch handeln, beispielsweise eine App auf Ihrem Mobilgerät. Stellen Sie sicher, dass es leicht zugänglich und leicht zu verwenden ist.

Schritt 2: Tägliches Engagement:

Nehmen Sie sich jeden Tag Zeit, um Ihren Zeitplan zu überprüfen. Wählen Sie eine einheitliche Zeit, z. B. jeden Morgen oder zu Beginn jeder Woche.

Schritt 3: Schreiben Sie alles auf:

Erfassen Sie alle Aufgaben, Termine, Fristen und Erinnerungen im Kalender. Verlassen Sie sich nicht nur auf Ihr Gedächtnis. Seien Sie detailliert und konkret.

Schritt 4: Priorisieren:

Identifizieren Sie die wichtigsten Aufgaben und weisen Sie Prioritäten zu. Verwenden Sie bei Bedarf Farbcodes, um dringende Aufgaben hervorzuheben.

Schritt 5: Erinnerungen und Notizen verwenden:

Nutzen Sie Funktionen wie Alarme oder Haftnotizen, um
wichtige Termine oder kritische Aufgaben hervorzuheben.

Schritt 6: Zeitziele festlegen:

Weisen Sie jeder Aufgabe realistische Zeitschätzungen zu.
Dies trägt dazu bei, eine Überplanung und eine Unterschätzung
der Dauer einer Aktivität zu vermeiden.

Schritt 7: Ständige Überprüfung:

Überprüfen Sie Ihren Kalender regelmäßig auf
Aktualisierungen, Änderungen oder neue Aufgaben. Dies trägt
dazu bei, dass Ihr Zeitplan korrekt bleibt.

Schritt 8: Auf Fristen achten:

Achten Sie auf Fristen und Fälligkeitstermine. Schreiben Sie sie

deutlich auf und stellen Sie sicher, dass sie gut sichtbar sind.

Schritt 9: Flexibilität:

Seien Sie bereit, Ihren Zeitplan nach Bedarf anzupassen.

Manchmal passieren unvorhergesehene Ereignisse und

Flexibilität ist wichtig.

Schritt 10: Erfolge feiern:

Feiern Sie Ihre Erfolge, während Sie Aufgaben und

Verpflichtungen erfüllen. Dies kann Motivation und

Erfolgserlebnisse fördern.

Denken Sie daran, dass regelmäßiges Üben der Schlüssel zum

Erfolg ist. Die konsequente Verwendung eines Kalenders und

die Anpassung an Ihre spezifischen Bedürfnisse erleichtern die

Organisation und das Zeitmanagement. Mit der Zeit können Sie ein System entwickeln, das am besten zu Ihrem Lebensstil und zum effektiven Umgang mit ADHS passt.

3. Erstellen Sie To-Do-Listen:

Gewöhnen Sie sich an, Listen zu erstellen. Das Aufschreiben aller wichtigen Dinge, einschließlich Aufgaben, Termine, Projekte und Fristen, kann lebensrettend sein. Wenn Sie diese Listen zusammen mit Ihrem Kalender aufbewahren, können Sie alles an einem Ort zentralisieren. Planung ist eine wesentliche Voraussetzung für die Leistungsoptimierung im Umgang mit ADHS.

4. Handeln Sie sofort:

Versuchen Sie, Aufgaben sofort zu erledigen, um häufige ADHS-Probleme wie Vergesslichkeit, Aufschub und Desorganisation zu vermeiden. Vermeiden Sie es, Aufgaben auf einen späteren Zeitpunkt aufzuschieben, da dies dazu führen kann, dass Sie vergessen oder sich unerledigte Aufgaben ansammeln. Das Beantworten einer wichtigen E-Mail, das Aufräumen eines unordentlichen Bereichs, das Zurückrufen eines Anrufs oder das Vorbereiten einer Präsentation sollten beispielsweise dann erfolgen, wenn es notwendig wird.

5. Richten Sie ein effizientes Ablagesystem ein:

Verwenden Sie Trennblätter oder organisieren Sie Dokumente nach Typ (z. B. Rezepte, Rechnungen, Antragsformulare). Das Beschriften oder Färben Ihrer Dateien kann eine wertvolle Strategie sein. Dies erleichtert das Auffinden wichtiger Dokumente, wenn Sie sie benötigen.

Dopamin auf natürliche Weise stimulieren

Wenn wir von erhöhtem Dopamin sprechen, denken wir oft an

Aktivitäten wie Schokolade essen, intensiven Sport treiben oder

eine Belohnung verdienen. Bei der natürlichen Stimulierung

von Dopamin geht es jedoch nicht nur um diese Erfahrungen.

Es ist möglich, die Produktion von Dopamin in Ihrem Gehirn auf

ausgewogene und gesunde Weise zu fördern und so zu einer

Verbesserung Ihres allgemeinen Wohlbefindens beizutragen.

Hier sind einige Strategien dafür:

Ausgewogene Ernährung:

Ihre Ernährung spielt eine entscheidende Rolle bei der

Dopaminproduktion. Achten Sie darauf, Lebensmittel zu sich zu

nehmen, die reich an Tyrosin sind, einer Aminosäure-Vorstufe

von Dopamin. Lebensmittel wie Bananen, Avocados, Fisch,

Nüsse und Samen sind eine gute Wahl. Auch der Verzicht auf

übermäßigen Zucker und stark verarbeitete Lebensmittel ist

wichtig, da diese den Dopaminhaushalt im Gehirn stören

können.

Regelmäßiges Training:

Körperliche Aktivität ist eine der wirksamsten Möglichkeiten, die

Dopaminausschüttung anzuregen. Besonders gut eignen sich

hierfür Aerobic-Übungen wie Laufen, Schwimmen und

Radfahren. Sogar ein täglicher Spaziergang kann helfen, Ihre

Stimmung zu heben und den Dopaminspiegel zu erhöhen.

Sozialisation und persönliche Verbindungen:

Zeit mit Freunden und Liebsten zu verbringen regt die

Ausschüttung von Dopamin an. Soziale Unterstützung und

sinnvolle Verbindungen sind für die psychische Gesundheit von

entscheidender Bedeutung.

Neue Dinge lernen:

Sich selbst herauszufordern, etwas Neues zu lernen, stimuliert Dopamin. Dazu kann das Erlernen einer neuen Sprache, eines Musikinstruments oder die Erkundung neuer Hobbys gehören. Aber wenn Sie sich dafür entscheiden, widmen Sie sich zu 100 % dieser Aufgabe und springen Sie nicht von Zweig zu Zweig. Es wird Ihre Produktivität und Effizienz beeinträchtigen, wenn Sie es auf diese Weise tun.

Schlaf gut:

Guter Schlaf spielt eine Schlüsselrolle bei der Regulierung von Dopamin. Sorgen Sie für ausreichend Schlaf, damit Ihr Gehirn optimal funktionieren kann.

Stress reduzieren:

Chronischer Stress kann den Dopaminspiegel negativ beeinflussen. Das Üben von Stressbewältigungstechniken wie Yoga oder Atemübungen kann hilfreich sein.

Sonnenaussetzung:

Sonnenlicht kann die Dopaminproduktion anregen. Stellen Sie sicher, dass Sie jeden Tag etwas Zeit im Freien verbringen.

Einschränkung künstlicher Reize:

Reduzieren Sie die Exposition gegenüber künstlichen Reizen, wie z. B. übermäßigen sozialen Medien und Videospielen. Übermäßiger Einsatz dieser Technologien kann sich negativ auf den Dopaminspiegel auswirken.

Ausreichende Flüssigkeitszufuhr:

Eine gute Flüssigkeitszufuhr ist für eine optimale Gehirnfunktion, einschließlich der Dopaminproduktion, unerlässlich.

Denken Sie daran, dass Ausgewogenheit von grundlegender Bedeutung ist. Eine gesunde und ausgewogene Stimulierung von Dopamin ist der Weg zu dauerhaftem Wohlbefinden.

Berücksichtigen Sie Ihre individuellen Bedürfnisse und nehmen Sie bei Bedarf Anpassungen vor.

Leben mit ADHS

Das Leben mit nicht diagnostizierter ADHS kann für den Einzelnen, seine Familie, Freunde, Lehrer, Kollegen und Vorgesetzten eine Herausforderung sein.

Der Versuch zu erklären, dass Sie nicht die Absicht hatten, sich ablenken zu lassen, den Fokus zu verlieren und Dinge zu vergessen, kann beunruhigend und langweilig werden und Ihr Selbstwertgefühl beeinträchtigen.

Ohne einen Wortschatz und die notwendigen Werkzeuge, um Ihre ADHS zu verstehen, ist es sehr schwierig, die Auswirkungen der Störung zu erklären.

Der Mangel an Worten, um zu erklären, was im Gehirn passiert, kann die Beziehungen zu Hause, in der Schule und am Arbeitsplatz ernsthaft beeinträchtigen.

Wenn Sie ADHS direkt angehen und die Herausforderungen annehmen, anstatt sie zu ignorieren, haben Sie möglicherweise bessere Chancen, das Leben zu führen, das Sie sich wünschen.

Akzeptieren Sie Ihre Unterschiede, konzentrieren Sie sich auf Ihre Stärken, Begabungen und Talente.

Es ist wichtig, keine Zeit damit zu verschwenden, darüber nachzudenken, was falsch ist.

Wenn Sie ADHS vermuten, suchen Sie das Pflegeteam auf, um eine Diagnose zu stellen, und gehen Sie von dort aus weiter.

Mit der Diagnose können Sie eine geeignete Behandlung zur Kontrolle der Symptome erhalten und andere Menschen über die Probleme informieren. Diese sind möglicherweise

verständnisvoller und hilfsbereiter, wenn sie die Behandlung
verstehen und daran teilnehmen.

Es gibt keine Heilung für ADHS,**Eine wirksame Behandlung
der Symptome kann jedoch die Auswirkungen auf die
Lebensqualität verringern.**

Jeder Mensch mit ADHS ist einzigartig. Einige nehmen
Medikamente, Training und Therapie ein, bis sie älter werden,
während andere lernen, mit den Symptomen so gut
umzugehen, dass die Störung das tägliche Leben nicht mehr
beeinträchtigt.

Andere erfreuen sich über längere Zeiträume ohne Symptome,
aber in stressigen Zeiten oder wenn die Person, die ihr Leben
organisiert hat, nicht anwesend ist, können sich die
Aufmerksamkeitsprobleme verschlimmern.

Wie bei anderen chronischen Erkrankungen liegt der Schlüssel
zum erfolgreichen Leben mit ADHS darin, es ernst zu nehmen

und den ärztlichen Rat beim Einsatz von Medikamenten und anderen Strategien zu befolgen; und auch von Ihrem Ehepartner oder jemandem, der Ihnen hilft, Ihr Leben zu organisieren.

Möglicherweise können Sie mitfühlend sein und Menschen mit anderen Herausforderungen wie Angstzuständen und anderen psychischen Problemen helfen.

Es ist sehr wichtig, sich daran zu erinnern**ADHS definiert nicht, wer Sie sind, und setzt keine Grenzen.**

Sie sind eine Kombination aus einzigartigen Erfahrungen, Gedanken, Ideen, Gefühlen, Talenten, Schwächen, Stärken und mentaler Stärke.

Seien Sie optimistisch in Bezug auf das, was vor Ihnen liegt. Mit

Mit den Strategien und Behandlungen, die Ihnen zur Verfügung stehen, wird die neue Reise Sie an Orte führen können, von denen Sie nie gedacht hätten, dass sie zugänglich wären, und es Ihnen ermöglichen, Dinge zu tun, die Sie für unmöglich gehalten haben.

www.ingramcontent.com/pod-product-compliance
Lightning Source LLC
Chambersburg PA
CBHW050744260726
48661CB00001B/412